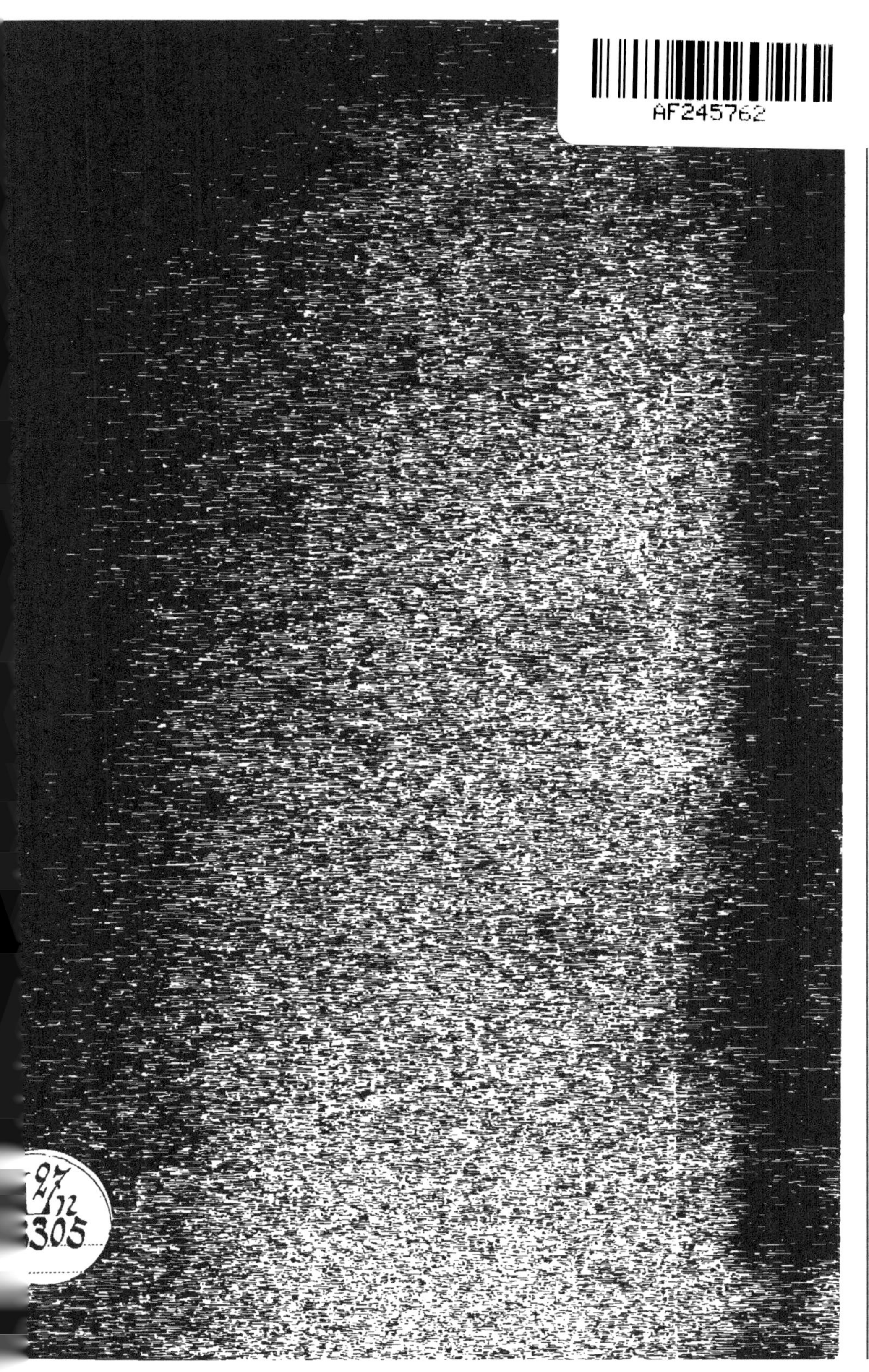

NOTICE BIOGRAPHIQUE

SUR

LE RÉVEREND PÈRE

Charles-Albert SIMON

Prêtre de l'Oratoire.

SAINT-LO

A. JACQUELINE, IMPRIMEUR

—

1865

I.

Le Révérend Père CHARLES-ALBERT SIMON naquit à Metz, le 25 du mois de septembre 1833.

Son père s'appelait Dominique Simon, et sa mère, Marguerite-Delphine Jolly de Bazelaire. Quelque temps après sa naissance, ses parents étant allés se fixer à Paris, le jeune Charles Simon les y accompagna et y habita avec eux jusqu'à l'âge de sept ans environ.

Je lui ai entendu raconter plusieurs fois que, s'étant un jour aventuré tout seul dans une rue voisine de l'habitation de son père, il fut enlevé par une vieille femme qui, pensait-il, voulait faire de lui un saltimbanque. Ses parents, s'étant bientôt aperçus de sa disparition, se mirent à sa recherche et, avant le soir, il était rendu aux embrassements de sa mère.

« Si l'on ne m'eût pas retrouvé, disait-il en riant, je

serais peut-être maintenant sur les tréteaux, et j'amuse-
rais le public. »

En l'année 1838, il perdit son père et sa mère. « Je
les perdis l'un et l'autre dans un intervalle de six mois,
dit-il, dans une de ses lettres, et je me trouvai seul chez
une personne de leur connaissance. J'en fus tiré par mon
oncle Gabriel qui vint exprès pour moi à Paris. Il me
ramena à Metz où je demeurai quelque temps ; puis ma
grand'mère maternelle, sachant qu'il ne m'était rien resté
de la fortune de mon père, désira se charger complète-
ment de moi » (1).

Envoyé à Nancy, il resta avec son aïeule jusqu'à l'âge
de neuf ans.

Voulant pourvoir à la fois à son éducation religieuse
et à son instruction, sa grand'mère le confia alors au
curé de Grimonville, qui se chargea de lui faire faire sa
première communion et de lui enseigner les premiers
éléments des langues classiques. Nous tenons de
M. Marguet, chanoine de la cathédrale de Nancy, que
le jeune Charles Simon édifia beaucoup la paroisse de
Grimonville pendant tout le temps qu'il l'habita.

A une époque qu'il m'est difficile de préciser, il entra
en troisième au petit-séminaire de Pont-à-Mousson. Il

____

(1) Lettre à Mme de Jurgas, sa tante.

s'y fit remarquer par ses talents et l'assiduité de son travail. S'il fallait en croire son propre témoignage, très-suspect en cet endroit, sa conduite aurait maintes fois laissé à désirer, et il aurait joué plus d'un tour à ses maîtres, à commencer par son supérieur lui-même.

Sa rhétorique terminée, il fut chargé de professer la classe de septième. Nous avons entre les mains un petit travail, remarquable à plusieurs égards, qu'il a dû composer à cette époque. Il a pour titre : *Petit Recueil de préceptes pédagogiques et d'expériences personnelles, en forme de méthode appliquée à la classe de septième.*

En 1852, il entra au grand-séminaire de Nancy pour y faire ses cours de philosophie et de théologie. Il s'y montra pieux, régulier et très-laborieux. C'est le témoignage que lui a rendu M. Marguet, alors supérieur du grand-séminaire.

Il reçut la première tonsure, le 4 juin 1852, les ordres mineurs, le 21 mai 1853, le sous-diaconat, le 18 février 1855, des mains de M⁸ʳ Menjaud, évêque de Nancy ; et le diaconat, le 21 décembre de la même année, des mains de M⁸ʳ Bourget, évêque de Montréal.

II.

Au mois d'avril de l'année 1856, M. l'abbé Simon écrivit au R. P. Pététot, supérieur de l'Oratoire, pour demander d'être admis dans la Congrégation. Sa demande fut agréée, et le 1er octobre 1856 il entra au noviciat.

Les novices étaient peu nombreux à cette époque et, par suite, assez exposés à l'ennui. Le Frère Simon ne s'ennuya pas un seul instant et conserva toujours une grande gaieté.

Le R. P. de Valroger était alors maître des novices. Il les réunissait, trois fois la semaine, pour leur faire soit un entretien spirituel, soit une lecture de piété. Parmi les ouvrages qu'il leur lisait, se trouvait le traité de Nicole sur les *Moyens de vivre en paix avec les hommes.* Quelque remarquable que soit cet ouvrage, il ne laissait pas que d'ennuyer parfois les novices. Le frère Simon trouva moyen de les sauver de cet ennui.

Comme le R. P. de Valroger parlait d'une manière fort intéressante et fort instructive, le Frère Simon s'engagea à le faire parler. Le moyen qu'il employa était des plus simples.

A peine avait-on lu quatre ou cinq lignes de l'ouvrage, que le Frère posait adroitement une question sur ce qui venait d'être lu. Le R. P. de Valroger s'empressait de répondre, et quelquefois sa réponse durait longtemps. On reprenait ensuite le livre. Au bout d'un moment, nouvelle question du Frère Simon, et nouvelle réponse du P. de Valroger. A la fin l'heure sonnait, et c'était beaucoup si on avait lu vingt lignes des *Moyens de vivre en paix.*

Pour que le maître des novices ne soupçonnât point le stratagême, il fut convenu que le Frère Simon ne serait pas seul à poser des questions. Ce fut une mauvaise tactique. Nul n'était capable de le faire aussi bien que lui. Aussi, qu'arriva-t-il ? La ruse fut découverte, le maître des novices ne s'en accommoda pas et, au lieu d'entendre ses causeries pleines d'intérêt, il fallut écouter en silence la lecture à laquelle on avait voulu échapper.

Toutefois, on se tromperait grandement si, se basant sur le petit trait que je viens de raconter, on pensait que le noviciat ne fût pas regardé par le Frère Simon comme une chose très-sérieuse jusque dans ses moindres détails. Tous ceux qui l'ont connu à cette époque se rappellent et sa régularité et sa piété, et surtout son esprit de foi. On peut s'en faire une idée par le fait suivant.

Lorsqu'il entra en retraite pour se préparer à la prêtrise, les pièces nécessaires, qu'on avait demandées en temps utile, n'étaient pas arrivées ; les jours se succédaient et les pièces se faisaient toujours attendre. Le Frère cependant continuait sa retraite sans préoccupation et avec le plus grand calme. Seulement, le quatrième jour, pendant la récréation, il alla trouver le R. P. général et lui dit de l'air le plus aisé et du ton le plus tranquille : « Mon Père, si les pièces ne viennent pas avant samedi, ce sera bien une preuve que Dieu ne veut pas m'admettre cette fois au sacerdoce. » Le R. P. général lui répondit qu'en effet si elles n'arrivaient pas à temps, il faudrait bien voir là un signe de la volonté de Dieu. « Ce sera sans doute, reprit-il, parce qu'il ne me trouve pas suffisamment préparé. Au reste, ajouta-t-il avec l'accent de la plus grande simplicité, si c'est là sa pensée, j'avoue que je suis parfaitement de son avis et j'attendrai volontiers. »

Les pièces arrivèrent enfin : le samedi il était ordonné (1); le dimanche matin, il célébrait sa première messe (2) et, le dimanche au soir, il partait pour Lisbonne où l'envoyaient ses supérieurs.

(1) Par Monseigneur Chalandon, archevêque d'Aix, dans la chapelle des Prêtres de la Mission (17 septembre 1857).

(2) Il avait fait venir de Nancy sa vieille bonne, Marguerite Beaucour, pour lui procurer le bonheur d'assister à sa première messe.

III.

Afin de bien faire cemprendre le but de ce voyage, il ne sera pas inutile de dire ici, en peu de mots, comment l'Oratoire, qui comptait à peine quelques années d'existence, s'était trouvé amené à envoyer à Lisbonne quelques-uns de ses membres.

En l'année 1854, M. Joseph Isley, supérieur du petit-séminaire anglais de Lisbonne, étant venu à Paris, entretint longuement les Pères de l'Oratoire du bien considérable que des prêtres français pourraient faire en Portugal.

Le R. P. du Fougerais, excité par les discours de ce prêtre respectable, demanda au R. P. général la permission de se rendre à Lisbonne, afin d'étudier le terrain et de tenter, s'il y avait lieu, quelque œuvre utile. Le R. P. Pététot accéda à sa demande et, quelque temps après, le R. P. du Fougerais s'embarquait pour Lisbonne.

A son arrivée, il habita le séminaire anglais et s'occupa d'organiser un catéchisme dans la chapelle même du séminaire. Cette œuvre réussit et un bon nombre des principales familles de la ville s'empressèrent d'y conduire leurs enfants.

Pendant qu'il s'occupait activement de son œuvre, la chapellenie de Saint-Louis-des-Français vint à vaquer. Le ministre de France la lui fit offrir : le P. du Fougerais l'accepta. Le catéchisme fut transféré de la chapelle des Anglais à l'église Saint-Louis, et continua à faire du bien. Mais ce bien, quoique considérable, n'était pas suffisant pour le zèle du P. du Fougerais.

Considérant d'abord tout ce que laisse à désirer l'éducation du clergé dans ce pays, et la comparant avec celle qu'il reçoit en France, il s'occupa de rechercher un certain nombre de jeunes gens en qui on pût trouver des marques sérieuses de vocation ecclésiastique, afin de les placer dans les meilleurs séminaires de France, où ils seraient formés à la science et à la piété et ordonnés prêtres. Une fois prêtres, ils reviendraient dans leur pays pour travailler à sa régénération, en commençant par régénérer le clergé lui-même.

Une autre œuvre moins importante, mais sur laquelle le R. P. du Fougerais fondait de grandes espérances, ce fut l'établissement d'un collége où il comptait pouvoir attirer les enfants des meilleurs familles du Portugal. Plusieurs hauts personnages lui promettaient leur concours, et quelques-uns allaient jusqu'à lui assurer des sommes assez considérables pour faire face aux principaux frais d'installation.

Pendant les trois ans que le P. du Fougerais passa en Portugal, il s'occupa continuellement de ces œuvres, et elles semblaient prendre quelque consistance lorsqu'il fut rappelé en France pour diriger le petit-séminaire de Saint-Lo.

Le P. Bouscaillou fut envoyé à sa place, dans l'été de 1857.

A cette époque, le petit collége nouvellement fondé, comptait de 25 à 30 externes.

Le local ne permettait pas de songer à un internat.

Avant de partir pour la France, le P. du Fougerais mit son successeur au courant de la situation et de ses vues sur l'avenir de l'œuvre, et le quitta en lui présageant toutes sortes de prospérités. Le P. Bouscaillou, qui ne possédait ni la fortune personnelle ni l'expérience de son prédécesseur, avait grand besoin de ces belles perspectives de l'avenir, car le présent ne lui paraissait pas sans quelques nuages. On le laissait avec cent francs en caisse et quelques faibles créances, et il se demandait, avec anxiété, comment, avec de pareilles ressources, il pourrait soutenir et developper une œuvre encore au berceau. Il se rassura en se disant que Dieu l'aiderait, et qu'avec son secours, rien n'était impossible.

Le reste de l'année scolaire se passa sans trop de difficultés et se termina par une petite distribution de prix qui parut faire grand plaisir aux familles. C'était presque une nouveauté dans le pays.

Ce fut pendant les vacances qui suivirent que le R. P. Simon arriva à Lisbonne. Il venait aider le P. Bouscaillou dans ses fonctions de chapelain et de directeur du nouveau collége.

La première nouvelle qu'il apprit en débarquant, c'est que la fièvre jaune venait d'éclater et que déjà elle faisait d'affreux ravages. Il n'en fut nullement effrayé ; au contraire, il parut se réjouir de ce que Dieu lui fournissait sitôt l'occasion d'user des pouvoirs qui venaient de lui être conférés par le sacrement de l'Ordre, reçu il n'y avait pas encore huit jours.

Un fait qui prouve d'une manière éclatante sa charité et que personne n'a connu jusqu'ici, si ce n'est Dieu et l'auteur de cette Notice, c'est qu'il s'offrit pour passer les nuits auprès d'un pauvre ouvrier français atteint du fléau.

Mais il en fut empêché parce que le supérieur de l'Oratoire voulut, dans l'intérêt de l'œuvre, qu'un seul fût exposé au danger, et ordonna au P. Simon de s'éloigner de Lisbonne. Il dut obéir, à son grand regret, et se retira à la campagne jusqu'à la cessation de l'épidémie.

Je dois dire ici que ce fut la famille de Sobral qui le reçut dans sa maison de campagne de Luz, où il fut traité avec les plus grands égards et la plus cordiale hospitalité.

Quand la fièvre eut cessé, le P. Simon alla rejoindre à Lisbonne le P. Bouscaillou, et s'occupa avec lui à réorganiser le petit collége, en vacances depuis quatre mois.

Comme je l'ai déjà dit, la maison habitée par les Pères ne leur permettait pas d'établir un internat. Il devenait dès lors nécessaire d'en chercher une autre; car se borner, comme par le passé, à recevoir des externes, c'était manquer le but qu'on se proposait. Les Pères louèrent donc un palais attenant à l'église Saint-Louis, et annoncèrent, dans un prospectus rédigé par le P. Simon, la modification qu'ils faisaient subir à leur établissement. Cette annonce fut favorablement accueillie par le public et, presque dès l'ouverture des classes, le nombre de leurs externes s'élevait à plus de soixante, et celui des internes, à quinze environ. C'était un beau succès dans un pays comme le Portugal. Aussi les Pères avaient-ils l'espoir d'arriver à fonder un établissement prospère; ils ne tardèrent pas à être détrompés.

Les sociétés secrètes sont organisées à Lisbonne mieux qu'en aucun lieu du monde : il y a autant de loges que de paroisses. A leur tête se trouvait alors et se trouve encore aujourd'hui (décembre 1864), le marquis de Loulé, président du conseil des ministres et marié à une princesse de la maison régnante. C'est assez dire que la franc-maçonnerie était toute puissante en ce pays.

Dès qu'elle vit que l'établissement de Saint-Louis avait quelques chances de vivre et de se développer, elle le fit attaquer par ses journaux. Quoique les attaques fussent le plus souvent absurdes, elles ne laissaient pas de faire impression sur le public. Aussi, le collége Saint-Louis ne tarda-t-il pas à voir son développement s'arrêter. Cependant, les Pères ne se décourageaient pas : le P. Simon surtout était intrépide. Non content de faire six heures de classe par jour, il s'occupait de compositions littéraires et entreprenait de prêcher, à lui seul, le Carême de l'année 1858, à la chapelle de Saint-Louis.

Je dois dire ici quelques mots d'un de ses sermons qui fit alors beaucoup de bruit et qu'on a voulu donner, dans une lettre adressée au ministère des affaires étrangères, en France, comme la cause des attaques auxquelles nous avons été en butte.

Prêchant sur le salut, le P. Simon se permit de dire, devant un auditoire composé de l'élite de la société portugaise, qu'il y a des âmes appelées à faire leur salut dans la vie religieuse, et que, par conséquent, les législateurs n'ont pas le droit de les empêcher de suivre ce genre de vie. Cette proposition déplut à quelques journalistes qui se trouvaient dans l'auditoire et, à partir de ce moment, les attaques contre l'établissement de Saint-Louis redoublèrent (1). M. l'ambassadeur de France, ayant lu, dans une de leurs feuilles, que le P. Simon s'était permis d'attaquer la Révolution qui a détruit en Portugal les ordres religieux, et craignant, sans doute, que son repos ne fût troublé, s'effraya ou parut s'effrayer, de ces attaques et députa, en toute hâte, un de ses secrétaires vers le P. Bouscaillou pour lui dire d'empêcher le P. Simon de continuer son Carême.

Très-étonné de ce message, le P. Bouscaillou se rendit aussitôt chez M. le gouverneur civil de Lisbonne, dont la femme avait assisté au sermon incriminé, et lui demanda

(1) Les journaux qui nous attaquèrent avec le plus de violence sont : *Le Portugais (O Portuguez)* et *Le Journal du Commerce (O Jornal do Commercio) Le Mercantil,* après un premier article contre le P. Simon, non seulement cessa toute attaque, mais alla jusqu'à louer l'éloquence du Père. Cette volte-face fut due à l'intervention de M. Lévy Jordao, avocat distingué de Lisbonne, actuellement membre de la Chambre des Cortès.

Le journal *La Nation (A Nacao),* à la tête duquel se trouvait M. Gomès d'Abreu, dont le nom figure dans l'*Assemblée catholique de Malines de* 1863, ne cessa de nous défendre. M. le marquis de Lavradio, ancien ambassadeur du Portugal à Rome, M. Don Jorge de Locio et M. Fernandès Pedroso, publièrent, dans cette feuille. plusieurs articles remarquables pour venger le P. Simon des attaques absurdes dont il était l'objet. *La Nation* est un des journaux les plus répandus et les mieux rédigés de Lisbonne.

s'il pensait qu'il y eût quelque danger à laisser le P. Simon continuer ses prédications. M. le gouverneur répondit qu'il n'en voyait aucun, et qu'on n'avait point à se préoccuper de quelques articles de journaux écrits par des gens sans aveu.

Le P. Bouscaillou écrivit alors une lettre très-respectueuse à M. l'ambassadeur pour lui faire part de sa conversation avec le gouverneur civil, et lui demander s'il persistait à voir du danger dans une prédication où le premier magistrat de la ville n'en voyait point. M. l'ambassadeur répondit qu'il persistait dans son sentiment.

Après y avoir mûrement réfléchi devant Dieu, les Pères jugèrent que le mieux était d'interrompre pour quelque temps les prédications, quelque peu fondées que fussent les craintes de M. l'ambassadeur.

On voit, par ce qui vient d'être dit, que le sermon du P. Simon ne fut autre chose qu'un prétexte pour un redoublement d'attaques, et non pas la cause première des attaques.

Les choses en étaient là quand arrivèrent en Portugal les sœurs de Saint-Vincent-de-Paul, avec deux prêtres lazaristes chargés de les diriger.

Bien autrement effrayées de leur présence que de celle de deux pauvres oratoriens, les sociétés secrètes redoublèrent leurs attaques. Leurs journaux publièrent sur le compte de ces saintes filles tout ce que l'imagination peut inventer de plus honteux et ameutèrent le peuple contre elles. On sait les scènes dont Lisbonne fut le théâtre et comment les sœurs de charité ont été chassées du Portugal (1).

A partir de l'arrivée des sœurs, le Père Simon et ses compagnons ne purent plus sortir sans être insultés. Traversant un jour la rue de la Prata, le P. Simon vit rouler violemment à ses pieds une vieille cafetière rouillée, qui lui avait été lancée du haut d'une maison. Heureusement, elle n'avait qu'effleuré le bord de son chapeau. Le Père continua tranquillement sa route, et ce ne fut que longtemps après qu'il raconta ce fait à un de ses confrères qui venait d'être atteint lui-même d'un coup de pierre.

On comprendra facilement combien le collége devait souffrir de ces attaques incessantes, et combien les pères de familles devaient hésiter à confier leurs enfants à des prêtres continuellement menacés. Mais ce qui nous fit peut-être plus de tort que toutes les attaques dont je viens de parler, c'est un différent qui s'éleva entre le

---

(1) Quelque temps après l'arrivée des Sœurs de charité, l'auteur de cette Notice fut chargé par un avocat très-connu, d'avertir les Prêtres Lazaristes qu'on venait de décider, dans une Loge, de mettre à mort, par le poison ou autrement un de ces excellents religieux.

Gouvernement français et le Gouvernement portugais.

Un vaisseau portant le pavillon de la France avait été capturé dans les eaux portugaises, comme faisant la traite des noirs. Les esclaves, ou travailleurs libres, qu'il contenait avaient été relâchés et le capitaine et son équipage, conduits à Lisbonne et emprisonnés. Le Gouvernement français crut de son honneur de prendre parti pour ses nationaux, et envoya à Lisbonne deux vaisseaux de guerre pour les délivrer et les ramener en France avec le bâtiment saisi.

Les Portugais ne virent dans cet acte qu'un abus de la force, et leur exaspération fut extrême.

Les Pères de l'Oratoire en ressentirent fortement le contre-coup, et leur position devint de plus en plus difficile. Le nombre de leurs élèves, au lieu d'augmenter, commença à décroître, et ils se demandaient, avec inquiétude, ce qu'allait devenir leur établissement. L'agitation pouvait durer longtemps, le loyer de leur maison était considérable : que faire? Ils résolurent, une fois leur bail expiré, de quitter Lisbonne et de transporter leur collége dans une *quinta* (maison de campagne) que le marquis d'Abrantès leur cédait, grâce aux bons offices de M. Pedroso, pour 250,000 reis. Cette quinta n'était qu'à deux lieues de Lisbonne : il leur serait par conséquent facile de faire le service de l'église de Saint-Louis, d'autant plus que, depuis le mois de septembre, leurs forces s'étaient accrues par l'arrivée d'un autre membre de la Congrégation, le R. P. Laureau.

Le 1ᵉʳ janvier de l'année 1859, les Pères quittèrent donc Lisbonne et allèrent s'établir avec leurs élèves dans leur nouvelle résidence, appelée Marvilla. Le site était très-beau, la vie moins chère qu'à Lisbonne ; le nombre de leurs élèves, quoique moins considérable que par le passé, leur fournissait encore des ressources suffisantes pour vivre. Il y avait, par conséquent, lieu d'espérer qu'on pourrait attendre en paix la fin de la crise.

La Providence en avait décidé autrement.

Le R. P. Pététot, général de la Congrégation, voyant d'une part, les difficultés de l'œuvre, et de l'autre, les services que les Pères occupés en Portugal pourraient rendre à la maison de Saint-Lo, les rappela par une lettre du 9 mars 1859.

Ce rappel ne causa au P. Simon ni joie ni tristesse ; car si d'un côté il était heureux à la pensée de revoir la France, de l'autre, il regrettait d'abandonner une œuvre qu'il pensait pouvoir être utile à l'Église et à laquelle il s'était dévoué tout entier. A plusieurs reprises, il avait proposé au R. P. général d'y consacrer une partie de sa fortune personnelle.

La lettre qui le rappelait en France l'autorisait, lui et

ses compagnons, à revenir par l'Espagne. Il profita de cette permission, et le 2 avril, à 4 heures du soir, il partait pour le pays du Cid, de sainte Thérèse et de saint Ferdinand.

Il n'entre pas dans mon sujet de raconter ses pérégrinations à travers l'Andalousie, la Manche, la Nouvelle et la Vieille-Castille : il me suffira de dire qu'il montra pendant tout ce voyage une gaieté qui était loin de faire présager sa fin, hélas! si prochaine. Le 1ᵉʳ mai, à 5 heures du matin, il arrivait à Paris, d'où il repartait, le 16 du même mois, pour se rendre au petit-séminaire de Saint-Lo.

IV.

Chargé de faire des suppléances pendant les deux mois et demi qui restaient jusqu'aux vacances, le P. Simon fut employé à des fonctions très-diverses. Tout le monde admira et sa rare aptitude en toutes choses, et sa gaieté, et son esprit, et surtout sa grande bonté. Les vacances venues, il résolut de faire un voyage en Angleterre ; mais avant de partir pour ce pays, il alla passer quelques jours dans la famille de Gouberville dont il était proche parent, et chez laquelle il trouvait, avec l'hospitalité la plus affectueuse, une simplicité, une bonté et un esprit de foi parfaitement en harmonie avec son caractère et son âme de prêtre.

Il était déjà souffrant à cette époque, mais toujours dur envers lui-même, il ne s'avouait point son mal, et c'est à grand'peine si Mme de Gouberville, sa cousine, pouvait obtenir de lui qu'il donnât quelques soins à sa santé. Après un séjour de deux semaines au château de Virandeville, il partit pour l'Angleterre. Il visita en passant Jersey et Southampton, et arriva à Londres, le 30 août. Il n'y séjourna que deux jours. Le reste de ses vacances se passa en voyages dans l'est et le midi de la France.

Rentré à Saint-Lo à la fin de septembre, il y fit sa retraite, prêcha à la messe du Saint-Esprit, le lendemain de la rentrée, et commença, quoique malade, de professer la classe de huitième. Ses forces ne tardèrent pas à le trahir et, quelle que fût son énergie à lutter contre le mal, à partir du 1er novembre, il dut renoncer à tout travail et garder le lit. Son état ne tarda pas à devenir alarmant. Le R. P. Pététot en fut informé et, ne voulant pas laisser mourir ce bon Père sans lui donner un témoignage éclatant de son affection , il vint exprès de Paris pour le voir. Le P. Simon fut très-sensible à cette marque d'intérêt, et la vue de son supérieur sembla le ranimer. Deux jours après, le R. P. Pététot le laissait , très-souffrant, sans doute, mais dans un état qui ne paraissait pas désespéré.

Ce mieux ne fut que passager. Bientôt la maladie, au lieu de diminuer, s'aggrava, et le Père, sentant sa fin approcher, demanda les derniers sacrements. J'allai le voir le matin même où il les avait reçus. Il me l'annonça en faisant sur ses yeux le signe de la croix, comme fait le prêtre lorsqu'il oint le malade avec l'huile sainte. Je lui dis que j'avais aussi reçu autrefois l'extrême-onction et que je n'étais pas mort. « Mes paquets sont faits, me dit-il d'une voix faible ; j'aime mieux partir que rester. » Son souhait ne tarda pas à être exaucé : il expira le 30 novembre 1859. Il était à peine âgé de 26 ans et quelques jours.

Pendant tout le cours de sa maladie, il avait montré une patience et une résignation admirables. Tous les Pères qui l'ont vu à ses derniers moments, s'accordent à dire qu'on trouverait difficilement une mort plus édifiante. Il avait demandé qu'on plaçât à côté de lui un crucifix. Quand ses souffrances redoublaient, il le prenait dans ses mains, le regardait et, à l'instant, on voyait le

calme et la résignation reparaître sur ses traits mou-
rants.

Le médecin lui demandant un jour s'il souffrait beaucoup, pour toute réponse le Père lui montra du doigt
le crucifix.

Le lendemain de sa mort, il fut enterré dans le cime-
tière de Saint-Lo. Sa tombe se trouve dans la partie Est
et porte pour inscription ces paroles tirées de Job :
Donec veniat immutatio mea.

Le Père Simon est le premier membre du nouvel
Oratoire que Dieu ait rappelé à lui. Sa mort a été estimée
par tous comme une des plus grandes pertes que pût
faire la Congrégation. A un caractère des plus heureux,
à une grande piété, il joignait une intelligence remarquable, et nul doute que, s'il eût vécu, il n'eût rendu
de grands services à la Congrégation et à l'Église.

Parmi les manuscrits laissés par le R. P. Simon, et dont nous donnons plus loin la liste, se trouvent plusieurs pièces de vers. Nous en insérons ici quelques-unes qui nous paraissent n'être pas sans intérêt, et qui peuvent d'ailleurs donner une idée de son talent pour la poésie.

La Rose et l'Épine.

A l'àge où, soulevant la poitrine trop pleine,
Le sang d'un flot plus vif vient surprendre le cœur,
En face d'un rosier, sur l'herbe, dans la plaine,
Pensif, je recherchais le secret du bonheur.

Tout-à-coup, le zéphyr agitant le feuillage,
Le rosier murmura des sons harmonieux :
Mon âme de poëte écouta ce langage,
Et j'en saisis bientôt le sens mystérieux.

Ce chant que j'entendis, au début de la vie,
Sous quelque forme, enfants, vous l'entendrez un jour,
Voix du monde et du Ciel, double philosophie,
Que la rose et l'épine exhalaient tour à tour.

LA ROSE.

Mortel, qui poursuis, avec peine,

L'art si facile d'être heureux,
Viens donc ; des fleurs je suis la reine :
Tu cueilleras, dans mon domaine,
Les ris, les plaisirs et les jeux.

L'ÉPINE.

Mortel, un seul chemin, le chemin des souffrances,
A la félicité te fera parvenir ;
Et si tu veux atteindre au terme où tu t'élances,
Fuis de la volupté les molles jouissances :
On n'obtient le bonheur qu'en fuyant le plaisir.

LA ROSE.

Je suis fraîche, je suis légère,
Je parfume l'air, j'éblouis :
De l'amour je suis messagère,
Je prête aux fêtes de la terre
La parure de mes rubis.

L'ÉPINE.

Je suis sœur de la rose et ma pointe cachée
Te donne, en te blessant, une grande leçon.
Aux plaisirs d'ici-bas l'amertume est mêlée ;
Sous l'ivresse des sens où l'âme est égarée,
Elle trouve une épine et rencontre un poison.

LA ROSE.

Du printemps date ma naissance ;
Avant l'été je dois mourir ;
Le temps fuit et la mort s'avance ;
Pendant sa rapide existence,
Jeune homme, hâte-toi de jouir.

L'ÉPINE.

Puisque la vie est courte et la mort si voisine,
Fuis des biens d'ici-bas la folle vanité ;
Tremble de provoquer la justice divine ;
Le rosier perd sa fleur, mais garde son épine ;
Le temps des plaisirs fuit, mais vient l'éternité.

LA ROSE.

Je choisis, pour ma nourriture,
Les perles qui tombent du ciel ;
Et ma corolle toujours pure,
Pour ta soif, roi de la nature,
Les change en breuvage de miel.

L'ÉPINE.

Ange tombé des cieux, iras-tu, sur la terre,
Boire un perfide miel au calices des fleurs ?
Punis plutôt tes sens par une vie austère :
Emblème et tout ensemble instrument salutaire,
Je demande du sang et réclame des pleurs.

LA ROSE.

Enivré, je veux que tu cueilles
Ce qui reste de mes appas ;
Que sur ton chemin tu m'effeuilles ;
Que mes parfums et que mes feuilles
Marquent la trace de tes pas.

L'ÉPINE.

Tu vois, sous mille plis de ronces déchirantes,
Ce sentier de sueur et de sang arrosé ;
C'est là qu'il faut marcher..... Déjà tu t'épouvantes !
Mais le Ciel est au bout de ces traces sanglantes :
Jeune homme, c'est par là que les saints ont passé.

LA ROSE.

De l'homme inséparable amie,
Je veux naître sur son berceau ;
Rendre sa jeunesse fleurie ;
Embaumer le soir de sa vie,
Et me faner sur son tombeau.

L'ÉPINE.

Dès le sein maternel, mon aiguillon te blesse :
Ta bouche, à peine ouverte, a poussé des soupirs.

Puisse cet aiguillon te poursuivre sans cesse,
Sauver tes jeunes ans, ranimer ta vieillesse,
Et valoir à ta mort la palme des martyrs.

LA ROSE.

Cette vie est un jour de fête ;
Son lendemain, c'est le néant.
Quand viendra ton tour, ô poëte,
De mes fleurs couronne ta tête,
Et quitte la salle en chantant.

L'ÉPINE.

Par le deuil et les pleurs, sur ce monde en ruines,
La vie est un retour vers le souverain bien.
Crois en l'autorité des souffrances divines :
Jésus-Christ a porté la couronne d'épines.
Roses, paraîtrez-vous sur le front d'un chétien !.....
....

Et le rosier se tut. Dans le sombre problème,
Mon âme avait surpris une vive lueur ;
Mais un rude combat me partageait moi-même :
Je préférais l'épine et regrettais la fleur.

Enfin, le doigt de Dieu fit pencher la balance :
Soldat de Jésus-Christ, par son sang racheté,
J'ai voulu, sur ses pas, rechercher la souffrance,
Pour le rejoindre un jour dans la félicité.

Mais, quoi ! mon sacrifice est-il donc si sévère ?
Rosier, ton aiguillon me répond de ton miel ;
D'épines si je suis couronné sur la terre,
Je serai couronné de roses, dans le ciel.

Lisbonne, 17 mars 1859

La Philosophie du Bonnet de Coton.

O coiffure par excellence,
Bonnet de coton, réponds-moi :
Sous ton abri, lorsque je pense,
Le plus souvent je pense à toi.

Tu sais : j'ai consacré ma vie
A chercher de tout la raison.
Au nom de la philosophie,
D'où viens-tu, Bonnet de coton ?

— Originaire de la Chine,
J'y naquis sur un arbrisseau ;
Au bout d'un rameau qui s'incline,
Zéphyr balança mon berceau.

Quand j'eus passé le premier âge,
De mes langes on me tira,
Et, pour faire un bien long voyage,
Dans un navire on m'embarqua.

Après quatre mois de clôture,
En France je fus déballé,
Et dans une manufacture,
On m'offrit l'hospitalité.

Je n'avais nulle forme encore,
Le jour où j'y fus introduit ;
Le lendemain, avant l'aurore,
J'étais déjà bonnet de nuit.

— O coiffure par excellence,
Bonnet de coton, réponds-moi ;
Sous ton abri, lorsque je pense,
Le plus souvent je pense à toi.

Tu sais : j'ai consacré ma vie
A chercher de tout la raison.
Au nom de la philosophie,
Qu'es-tu donc, Bonnet de coton ?

— Je suis la plus belle couronne
Du roi de la création :
Du moins, mon éclat ne lui donne
Ni terreur ni présomption.

Le plus grand monarque lui-même
Sur son chef aime à me poser :
Du fardeau de son diadême,
Je suffis à le reposer.

Pour me revêtir, le poëte,
Chaque soir, ôte ses lauriers ;
Le lendemain de la conquête,
J'orne la tête des guerriers.

La tiare, au triple symbole,
A son aide m'à fait venir ;
Et j'ai précédé l'auréole
Sur le front de plus d'un martyr.

— O coiffure par excellence,
Bonnet de coton, réponds-moi :
Sous ton abri, lorsque je pense,
Le plus souvent je pense à toi.

Tu sais : j'ai consacré ma vie
A chercher de tout la raison.
Au nom de la philosophie,
Que fais-tu, Bonnet de coton ?

— Du matin au soir, je sommeille ;
Je veille du soir au matin ;
Et je fais, pendant cette veille,
L'étude de l'esprit humain.

Sans doute, je ne l'envisage
Que sous un aspect rembruni.
Mais quoi ? L'homme est-il donc plus sage,
Alors qu'il n'est pas endormi !

Souvent, je le vois qui prolonge
Dans la nuit les rêves du jour ;
Et toute sa vie est un songe
Dans un chimérique séjour.

Et si parfois, dans l'insomnie,
Sa raison agit sous mes yeux,
Vite à rêver je le convie.
Quoi de pis qu'un fou sérieux ?

— O coiffure par excellence,
Bonnet de coton, réponds-moi ;
Sous ton abri, lorsque je pense,
Le plus souvent je pense à toi.

Tu sais : j'ai consacré ma vie
A chercher de tout la raison,
Au nom de la philosophie,
Où vas-tu, Bonnet de coton ?

— Ah ! je subis la loi commune
Des grandes choses d'ici-bas :
Rien de plus beau que ma fortune,
De plus obscur que mon trépas.

Quand je tombe en décrépitude,
Je tombe aussi dans l'abandon ;
Et l'homme, avec ingratitude,
Ne fait plus de moi qu'un chiffon.

Il m'avait placé sur sa tête ;
Il me foule alors sous ses pieds,
Et je tombe du plus haut faîte
Dans la hotte des chiffonniers.

Saint-Lo

Jésus et Simon le Cyrénéen.

I.

Celui qu'un Père vierge engendre avant l'aurore,
Et qu'une vierge Mère enfanta dans le temps,
Jésus, ne joignait pas encore
A son éternité son douzième printemps.

Au sein de Nazareth, dans une humble chaumière,
Eclipsant la splendeur de ses rayons divins,
La nuit, il épanchait son cœur dans la prière ;
Et, le jour, au travail il essayait ses mains.

Un soir, à la citerne envoyé par Marie,
Et déjà soulevant l'amphore pleine d'eau,
Il allait regagner leur demeure bénie,
Remonter la colline en portant son fardeau.

Soudain, il aperçoit un enfant de son âge
Sous un faix de bois mort courbé péniblement ;
Un ruisseau de sueur inondait son visage,
Ses pieds meurtris laissaient une trace de sang.

Tout-à-coup, sous le poids qui brise sa faiblesse,
Il tombe en gémissant. Par sa chute attiré,
Jésus avec pitié vers l'inconnu se baisse,
Et dans ses bras divins l'a bientôt relevé.

Puis passant une main sous ses cheveux d'ébène :
Cher ami, lui dit-il, en découvrant ses yeux,
Tu t'appelles ?—Simon.—Tu naquis ?—A Cyrène,
Et depuis quelques jours j'habite dans ces lieux.

— Et tes parents ?— Hélas, vivent dans la misère ;
Ils travaillent beaucoup pour gagner peu de pain ;
Mais, lorsque tous les soirs nous faisons la prière,
Nous oublions déjà les maux du lendemain.

Ma mère, chaque jour, avec peine me charge,
Pour son pâle foyer, d'aller chercher du bois ;
Mais j'ai voulu porter une trop lourde charge,
Et je viens de fléchir pour la troisième fois.

Pourtant à la maison j'arriverais encore,
Si tu prêtais ta force à mon corps épuisé.
Et Jésus, d'une main soutenant son amphore,
De l'autre offrait déjà le secours demandé.

Quand ils eurent gravi la raboteuse pente,
Que Dieu, lui dit l'enfant, bénisse ton bon cœur !
Oh ! puisse-t-il bientôt, sagesse prévoyante,
De t'offrir un retour, m'accorder le bonheur.

L'oreille du Seigneur à ton désir s'incline ;
Plus tard, lui dit Jésus, avec un triste émoi,
Nous nous rencontrerons sur une autre colline,
Et là tu me rendras ce que j'ai fait pour toi.

Puis, en se séparant, tous deux firent échange
D'un aimable sourire et d'un muet adieu ;
Et l'enfant étonné se disait : C'est un ange !
— Un ange ! qu'as-tu dit, enfant ? C'était ton Dieu.

II.

Jésus était bien loin des ombres de l'enfance :
Le temps avait triplé la chaîne de ses ans,
Et de son dernier jour, déterminé d'avance,
Il voyait se dresser les suprêmes instants.

Parmi les flots grondants d'une foule irritée,
Hors de Jérusalem, traîné par des soldats,
Le corps meurtri de coups, la tête ensanglantée,
Pour nous rendre la vie, il marchait au trépas.

Hélas ! anéanti par un premier supplice,
Qui n'était pas encore son plus cruel tourment,
Il se traînait à peine, et de son sacrifice
L'infâme bois pesait sur cet accablement.

Il avait pris sur lui les crimes de la terre ;
Mais son infinité fléchissait sous ce poids ;
Il n'était pas encore à moitié du Calvaire,
Qu'il avait succombé pour la troisième fois.

Témoin silencieux de cettte auguste scène,
Un homme l'observait, dans la foule pressé ;
Il s'appelait Simon, il était de Cyrène,
Et dans ses souvenirs évoquait le passé.

Mais, lorsque de Jésus poursuivant le visage,
A la troisième chute, il découvrit les yeux,
Un éclair du passé déchira le nuage,
Et Simon reconnut l'Enfant mystérieux.

Il a prophétisé : sur une autre colline,
Je le rencontre enfin, pensa-t-il, plein d'émoi :
L'oreille du Seigneur à mon désir s'incline ;
Je puis lui rendre ici ce qu'il a fait pour moi.

Vers Jésus défaillant aussitôt il s'empresse ;
Soulève de sa croix l'énorme pesanteur ;
Et, comprenant ses maux autant que sa faiblesse,
Non moins que son fardeau, partage sa douleur.

Hélas ! un doute affreux assombrissait son âme :
Il ignorait, venu pour la première fois,
Des complots du Démon la ténébreuse trame,
Des desseins du Seigneur les salutaires lois.

Eh quoi ! se disait-il, en répandant des larmes,
L'ange de Nazareth malfaiteur aujourd'hui !
Ah ! si de l'innocence il a perdu les charmes,
Ayez pitié, Seigneur, ayez pitié de lui !.....

Simon ne s'arrêta qu'au sommet du Calvaire ;
Lui-même de fatigue et de douleur brisé,
En vain chercha longtemps, en se traînant par terre,
A contempler Jésus sur la croix renversé.

A la fin, des bourreaux pénétrant la phalange,
Il put en son oreille épancher un adieu :
Eh quoi ! murmura-t-il, n'es-tu donc pas un ange ?
Jésus lui répondit : Non, mais je suis ton Dieu.

Lisbonne, 22 août 1858.

FRAGMENT.

Chaque fois que mes yeux contemplent la nature,
L'amour de Dieu descend plus avant dans mon cœur ;
Et mon âme se fait de chaque créature,
Un degré pour monter jusques au Créateur.

Et qui pourrait, Seigneur, regarder tes ouvrages,
Sans y voir au grand jour tes charmes répandus ?
L'univers est un livre où, sur toutes les pages,
Brillent, en traits divins, tes nombreux attributs.

Lorsque, dans un ciel pur, j'interroge l'espace,
Bientôt, perdant des yeux l'horizon limité,
Un frisson solennel me saisit et me glace :
J'ai surpris le reflet de ton immensité.

Bien des fois j'ai gravi la cime des montagnes,
Pour mieux saisir ton ombre, au lever d'un beau jour ;
Étendu mes regards sur les vastes campagnes,
Et compté les bienfaits qu'y verse ton amour.

J'ai reconnu ta voix au bruit de la tempête ;
J'ai vu ton bras puissant bouleverser les mers ;

Et l'éclair m'a montré, suspendu sur ma tête,
Un jet de ce courroux qui remplit les enfers.

J'ai, sur les rocs neigeux, recherché la tourmente ;
J'ai de la cataracte admiré la fureur ;
J'ai suivi dans les prés le ruisseau qui serpente ;
Des bois et des vallons j'ai goûté la fraîcheur......

Et toujours, au milieu de ces scènes nouvelles,
Je me suis dit, trouvant quelque charme nouveau :
Puisque ses œuvres sont si grandes et si belles,
Que le Seigneur est grand ! que le Seigneur est beau !

Pourtant, rien de cela ne suffit à mon âme,
Et ma religion veut un autre soutien.
Que la raison moderne et proteste et déclame,
La nature n'est pas le temple du chrétien.

Elle est plutôt du temple un immense portique,
Qui présente partout les vestiges de Dieu :
L'architecture en est pieuse et symbolique ;
Mais ce n'est qu'un degré qui conduit au saint lieu.

Paris, 13 mai 1859.

Liste des manuscrits laissés par le R. P. Simon.

I. Essai sur la synthèse générale des sciences, traitant :

I. DANS L'INTRODUCTION :

1° De l'intelligence dans l'humanité.
2° De la nature et de la division des sciences.
3° De la marche scientifique de l'intelligence humaine.
4° De l'état actuel des sciences.
5° De l'expectative actuelle des sciences.
6° Du mouvement des sciences vers la synthèse générale.
7° De quelques caractères de la synthèse générale.

II. DANS LE CORPS DE L'OUVRAGE :

1° De l'idée de l'infini.
2° De l'existence de l'infini.
3° De la nature de l'infini.
4° De l'essence et des facultés des Anges.
5° Des conditions positive et historique des Anges.
6° De la constitution de la nature humaine.
7° De l'état de l'homme primitif.
8° De l'épreuve et de la déchéance.
9° De la réhabilitation.
10° De l'histoire ancienne.
11° De Jésus-Christ.
12° De l'histoire moderne (1).

II° POÉSIES.

III° SERMONS.

IV• Petit Recueil de préceptes pédagogiques et d'expériences personnelles en forme de Méthode appliquée à la classe de septième.

V° La Providence, comédie en cinq actes.

VI° Impressions de retraite.

(1) Avant d'entreprendre son travail sur la Synthèse générale des sciences, le P. Simon en avait esquissé le plan, et l'avait soumis au R. P. Gratry. Celui-ci, vivement frappé de la hauteur des idées et de la hardiesse de l'entreprise, avait encouragé le P. Simon à poursuivre son travail.